RÈGLEMENT

D'ADMINISTRATION PUBLIQUE

SUR LES

BOUILLEURS DE CRU

LE

CONTROLE DES ALAMBICS

ET LE

SUCRAGE DES VENDANGES

Prix : 25 Centimes

AVIGNON — IMPRIMERIE E. MILLO
74, Rue Carreterie, 74

SEPTEMBRE 1903

RÈGLEMENT

D'ADMINISTRATION PUBLIQUE

SUR LES

BOUILLEURS DE CRU

LE

CONTROLE DES ALAMBICS

ET LE

SUCRAGE DES VENDANGES

Prix : 25 Centimes

AVIGNON — IMPRIMERIE E. MILLO
74, Rue Carreterie, 74

SEPTEMBRE 1903

Règlement d'Administration Publique

SUR LES

BOUILLEURS DE CRU

BOUILLEURS DE CRU

Le Président de la République française,

Sur le rapport du ministre des finances,

Vu la loi du 28 avril 1816 ;
Vu la loi du 20 juillet 1837 ;
Vu le décret du 15 avril 1881 ;
Vu la loi du 30 mai 1899 ;
Vu l'article 10 de la loi du 29 décembre 1900 ;
Vu le décret du 23 août 1901 ;
Vu les articles 18 à 22 de la loi de finances du 31 mars 1903 ;
Vu l'article 25 de la même loi, ainsi conçu :

« Il sera pourvu par des règlements d'administration publique à toutes les mesures nécessaires pour assurer l'application des articles 12 à 24 de la présente loi.

« Ces règlements détermineront, en particulier, les conditions dans lesquelles s'effectuera la constatation de la production chez les récoltants. »

Le conseil d'Etat entendu,

Décrète :

Art 1er. — Le présent règlement est applicable aux propriétaires récoltants qui : 1° n'ajoutent aux matières premières provenant de leurs récoltes aucun produit susceptible d'en augmenter la teneur en alcool, et, 2° ne reçoivent du dehors aucune quantité de matières premières de la nature de celles qu'ils entendent distiller, à moins qu'ils ne fassent au préalable la déclaration de ces matières et ne s'engagent à les représenter au service jusqu'à l'achèvement des opérations de distillation.

Les propriétaires récoltants ne remplissant pas ces conditions et ceux dont les opérations ont été prévues aux paragraphes 1 et 4 de l'article 10 de la loi du 29 décembre 1900 sont soumis aux dispositions du décret du 15 avril 1881.

Bouilleurs de cru
se livrant eux-mêmes aux opérations de distillation

Art. 2. — La constatation des quantités d'alcool dont les bouilleurs de cru ont chaque année à rendre compte, indépendamment des stocks existant chez eux au commencement des opérations de distillation, est assurée :

Par une prise en charge provisoire, effectuée avant la fabrication d'après le volume des matières premières qui seront mises en œuvre et d'après leur rendement minimum présumé ;

Par une prise en charge définitive effectuée d'après les quantités réellement fabriquées.

La prise en charge provisoire a lieu en vertu de la déclaration du bouilleur.

La prise en charge définitive, au moyen des vérifications et inventaires effectués par le service.

Le rendement minimum à déclarer par le bouilleur est déterminé d'après la richesse alcoolique effective de la matière première à mettre en œuvre, sous déduction d'une réfaction qui ne peut dépasser :

1/10 pour les vins, piquettes de marcs, cidres et poirés ;

2/10 pour les lies, les prunes et les cerises ;

3/10 pour les marcs.

Si la comparaison de la prise en charge définitive et de la prise en charge provisoire fait ressortir un manquant, il est soumis aux droits, après défalcation, s'il y a lieu, de l'allocation prévue à l'article 19 de la loi du 31 mars 1903.

L'administration peut accorder décharge des manquants lorsqu'il est établi qu'ils proviennent de déficits de rendement ou de déchets de fabrication et qu'ils ne dépassent pas 5 p. 100

des prises en charge, ou, s'ils dépassent ce taux, lorsque les droits dont ils seraient passibles à titre de droit général de consommation ne sont pas supérieurs à 100 fr. Lorsque les bouilleurs réclament contre la décision de l'administration ou lorsque les déchets dépassent 5 p. 100 et représentent à titre de droit général de consommation une somme supérieure à 100 fr., le ministre statue après avoir pris l'avis de la section des finances du conseil d'Etat.

L'administration peut, en outre, accorder décharge des matières premières et des spiritueux dont la perte a été régulièrement constatée par le service.

Les excédents qui résultent des constatations du service, comparativement à la prise en charge provisoire, sont saisis par procès verbal lorsqu'ils dépassent de plus de 5 p. 100 la limite de la réfaction admise pour la déclaration du rendement minimum présumé.

Art. 3. — La déclaration prescrite par l'article 18 de la loi du 31 mars 1903 doit être faite huit jours au moins avant le commencement des travaux, à la recette buraliste dont dépend la localité où ces travaux s'effectueront.

Cette déclaration indique :

1° Les numéros sous lesquels ont été poinçonnés les alambics qui doivent être utilisés ;

2° L'emplacement de la brûlerie ;

3° La date du commencement des travaux et leur durée présumée, ainsi que les heures pendant lesquelles la brûlerie sera chaque jour en activité ;

4° Les quantités d'alcool existant déjà en la possession du déclarant ;

5° L'espèce des matières premières qui doivent être distillées et le lieu où elles ont été récoltées ;

6° Le volume et le rendement minimum par hectolitre pour chaque espèce de matières à distiller ou pour chaque lot de matières de même espèce ayant un degré différent.

Le bouilleur qui déclare pour la distillation la totalité des matières en sa possession peut demander dans la déclaration que le volume et le rendement minimum de ces matières soient déterminés d'un commun accord avec l'administration.

Les déclarations modificatives concernant la mise en œuvre de nouvelles matières, doivent être faites dans le même délai, les autres déclarations modificatives peuvent être faites vingt-quatre heures seulement à l'avance.

Les matières déclarées pour la distillation doivent être mises à part. Si les déclarations comprennent plusieurs lots d'une même espèce de matières ayant une richesse alcoolique différente, ces lots doivent également être séparés les uns des autres.

Art. 4. — Les bouilleurs doivent inscrire au fur et à mesure des opérations, sur un registre qui est mis à leur disposition, la nature et la quantité des matières premières versées dans l'alambic, le numéro, s'il y a lieu, du lot d'où elles proviennent, la date et l'heure du commencement et celles de la fin du chargement de l'appareil.

Dans les brûleries où chaque chargement d'alambic comprend une quantité uniforme de matières, cette quantité est constatée au début de la campagne, dans un acte libellé en tête du registre des employés et dûment signé par le bouilleur. Dans ce cas, le bouilleur est dispensé d'inscrire, pour chaque chargement, la quantité de matières introduites dans l'appareil à distiller.

Lorsque le chargement des alambics est continu, une seule inscription est faite par le bouilleur à la fin de chaque journée. Toutefois, une inscription doit également être faite à chaque interruption de travaux, s'il s'en produit dans le courant de la journée et à chaque visite des employés. Chaque inscription comprend l'ensemble des quantités de matières premières qui ont été soumises à la distillation depuis la précédente inscription.

Le registre prévu par le premier paragraphe est fourni gratuitement par l'administration et doit être représenté à toute réquisition du service. Il est remis au service immédiatement après l'achèvement des travaux ou dès son épuisement.

Les bouilleurs chez lesquels la période de travail n'excède pas vingt-quatre heures consécutives sont admis à consigner, au verso de l'ampliation de la déclaration faite à la recette buraliste en vertu de l'article 3, les inscriptions prescrites par les paragraphes 1, 2 et 3 du présent article. Ils doivent, dans les vingt-quatre heures qui suivent l'achèvement de la fabrication, rapporter cette ampliation à la recette buraliste après avoir signé les inscriptions faites par eux ; il leur en est délivré récépissé.

Art. 5. — Indépendamment des obligations prévues aux articles précédents, les bouilleurs de marcs, cerises et prunes doivent, à la fin de chaque journée de travail, inscrire soit au registre mis à leur disposition, soit au verso de l'ampliation de leur déclaration de fabrication, le volume et le degré de l'alcool obtenu.

Art. 6. — Sont affranchis des obligations déterminées par l'article 4 ci-dessus les bouilleurs autres que ceux désignés à l'article 5, qui déclarent pour la distillation la totalité des liquides ou matières en leur possession, sauf les quantités de boissons ou de fruits réservées à la consommation de famille.

Sont également affranchis des obli-gations déterminées par les articles 4 et 5 ci-dessus, les bouilleurs qui ont muni leurs appareils de compteurs vé-rifiés et agréés par l'administration ou qui ont adopté un système de distilla-tion en vase clos agréé par l'adminis-tration.

L'exemption prévue au paragraphe 1er ci-dessus est acquise au bouilleur qui, possédant plusieurs sortes de pro-duits distillables, déclare pour la dis-tillation la totalité de l'un ou de plu-sieurs d'entr'eux.

Le bouilleur qui a déclaré pour la distillation la totalité d'un ou de plu-sieurs de ses produits peut toujours faire connaître qu'il entend cesser sa fabrication et recouvrer ainsi la libre disposition des matières non encore distillées.

Art. 7. — Les vérifications que les employés peuvent effectuer entre le moment où est reçue la déclaration de fabrication et le moment où il est pro-cédé à l'inventaire prévu par l'article 19 de la loi du 31 mars 1903, sont faites aux jours et heures pendant lesquels le bouilleur a déclaré que la brûlerie serait en activité, et dans les locaux où, d'après la déclaration du bouilleur, il existe soit des matières destinées à la distillation, soit des spiritueux ; le tout sans préjudice de l'application, le cas échéant, de l'article 237 de la loi du 28 avril 1816.

Les bouilleurs doivent assister aux vérifications du service ou s'y faire représenter par un délégué, les faciliter et fournir à cet effet la main-d'œuvre nécessaire ; ils sont notamment tenus de représenter aux employés à toute réquisition les ampliations des déclarations faites par eux à la recette buraliste et de leur déclarer l'espèce et la quantité des spiritueux fabriqués ou en leur possession et des matières restant à distiller, ainsi que les locaux où se trouvent ces différents produits.

Art. 8 — Si la reconnaissance par le service du volume des matières premières déclarées par application de l'article 3 fait apparaître une différence, la déclaration est simplement rectifiée d'office, toutes les fois que cette différence ne dépasse pas 5 p. 100 pour les vins, les cidres ou poirés et les lies, 10 p. 100 pour les prunes et les cerises et 15 p. 100 pour les marcs ; au delà de cette limite, la différence est constatée par procès-verbal.

S'il y a contestation sur le minimum de rendement déclaré, la force alcoolique des matières à distiller est définitivement fixée à la suite des expériences contradictoires prescrites par l'article 10 de la loi du 20 juillet 1837.

Les employés peuvent procéder à ces expériences avec l'alambic d'essai fourni par l'administration ou exiger qu'elles soient faites sous leur direction, au moyen des appareils du bouilleur de cru et avec son concours ou celui de son représentant.

Quand le volume et le minimum de rendement ont été constatés d'un commun accord entre le producteur et l'administration, les quantités de matières reconnues et la base de conversion convenue sont constatées au registre des employés par un acte signé du producteur.

Art. 9 — Il est ouvert par le service, à chaque bouilleur sur un registre spécial, un compte destiné à constater les charges et décharges de ce bouilleur et qui peut être arrêté à tout moment par les employés. Ce compte se divise en deux parties : l'une concernant les matières premières; l'autre, les produits fabriqués.

Le compte des matières premières est chargé des quantités déclarées par le bouilleur ou reconnues par le service. Il est déchargé des quantités successivement mises en œuvre d'après les déclarations du bouilleur.

Tout excédent de matières premières est ajouté aux quantités déclarées par le bouilleur ; il est, en outre, saisi s'il dépasse la tolérance accordée par l'article 8, paragraphe 1 ou si les quantités destinées à la distillation ont été antérieurement determinées par une vérification du service. Les manquants, lorsqu'ils atteignent, depuis l'ouverture de la campagne, une quotité supérieure à 5 p 100 des quantités déclarées pour la distillation sont imposables — pour la portion excédant cette quotité — à raison de la quantité d'alcool pur qu'ils représentent.

Le compte des produits fabriqués est chargé de l'alcool afférent aux quantités de matières premières mises en œuvre sur la base du rendement minimum qui leur a été assigné.

Tout excédent constaté sur les produits fabriqués est ajouté aux charges. Il est, en outre, saisi s'il dépasse, d'une quotité supérieure à la réfaction et aux 5 p. 100 admis par l'article 2, le rendement minimum afférent aux matières premières mises en œuvre depuis la précédente vérification ou si, postérieurement à cette opération, aucun travail de distillation n'a été déclaré.

Si, depuis l'ouverture de la campagne, les manquants dépassent 5 p. 100 du rendement minimum afférent aux quantités de matières premières mises en œuvre d'après les déclarations du bouilleur, l'excédent est immédiatement constaté au compte.

Art. 10. — Lors de l'inventaire qui suit la fabrication, il est établi une balance en vue de déterminer les quantités d'alcool dont ce compte doit se trouver définitivement chargé.

Cette balance comprend :

Aux charges,

1° Les quantités d'alcool déclarées ou reconnues avant le commencement des travaux ;

2° Celles que représentent, d'après le rendement minimum qui leur a été assigné, les matières premières mises en œuvre ;

3° Les excédents constatés ou déclarés.

Aux décharges,

1° Les quantités d'alcool sorties en vertu d'expéditions régulières ;

2° Les manquants d'alcool constatés lors des arrêtés de compte ;

3° Ceux qui apparaissent au moment même de l'inventaire.

Art. 11. — Chez les bouilleurs visés à l'article 6, il est tenu en remplacement du compte prévu à l'article 9, un compte global de l'alcool contenu dans les matières premières et dans les produits fabriqués.

S'il est constaté que la quantité d'alcool représentée par les produits fabriqués et par les matières restant à distiller est supérieure à celle qui a déjà été prise en compte, l'excédent est ajouté aux charges. Il est, en outre, saisi, s'il dépasse d'une quotité supérieure à la réfaction et aux 5 p. 100

admis par l'article 2, le rendement minimum afférent aux matières premières non représentées.

Si, pendant la période de fabrication, cette même quantité est inférieure de plus de 5 p. 100 au rendement minimum assigné aux matières premières non représentées, seule la portion du manquant au-delà de 5 p. 100 est immédiatement constatée au compte.

Art. 12. — Le compte ouvert, après l'inventaire qui suit la fabrication, aux bouilleurs de cru qui n'acquittent pas immédiatement les droits, se règle par campagne s'ouvrant, pour chaque bouilleur, lors de la première distillation effectuée à partir du 1er août et se clôturant lors du récolement qui précède la première distillation de la campagne suivante.

Ce compte est chargé des quantités reconnues, lors de l'inventaire, en la possession du bouilleur.

Il est déchargé des quantités expédiées en vertu de titres de mouvement réguliers.

Si le récolement effectué lors de la première déclaration de fabrication, après l'ouverture de la campagne suivante de distillation, fait ressortir un excédent, cet excédent est saisi et pris en compte ; s'il fait apparaître un manquant, ce manquant est immédiatement imposable, après défalcation de la déduction légale, et, s'il y a lieu, de l'allocation en franchise prévue au troisième paragraphe de l'article 19 de la loi du 31 mars 1903.

Lorsque le récoltant n'a pas fait de déclaration de fabrication avant l'expiration des deux mois qui suivent une période d'une année comptée à partir de la première distillation de la campagne précédente, les employés procèdent d'office au récolement et au règlement du compte.

Bouilleurs de cru faisant distiller à domicile avec un appareil ambulant

Art. 13. — Les bouilleurs de cru qui font distiller chez eux avec un alambic ambulant ne sont soumis aux dispositions qui précèdent que sous réserve des modifications suivantes :

Le bouilleur de cru qui veut faire effectuer par le loueur d'alambic la déclaration prévue par l'article 3, lui donne pouvoir, à cet effet, sur son cahier-journal.

Le délai fixé pour cette déclaration est réduit à trois jours pour le premier bouilleur chez lequel il est fait usage de l'appareil du loueur après son arrivée dans la commune et à deux heures pour les autres bouilleurs de la même commune chez lesquels l'alambic est successivement utilisé. Si le loueur a indiqué, trois jours au moins à l'avance, dans la déclaration qui lui est imposée par l'article 33 du décret du 15 avril 1881, la date de son arrivée dans la commune, le délai de deux heures s'applique à tous les bouilleurs de cette commune qui ont recours à son appareil.

Les bouilleurs sont affranchis des obligations imposées par les articles 4 et 5 du présent décret, mais ils doivent représenter au service un extrait du cahier-journal du loueur, qui leur est remis par ce dernier et qui mentionne les inscriptions faites au cahier-journal dans les conditions déterminées par les articles 11 de la loi du 29 décembre 1900 et 16 de la loi du 31 mars 1903.

Les quantités d'alcool qui doivent être prises en compte, ou servir de base à la liquidation des droits sont déterminées conformément aux dispositions de l'article 10 sans pouvoir être inférieures à celles qui sont inscrites sur le cahier-journal du loueur comme représentant le produit des fabrications.

Bouilleurs de cru faisant distiller dans un local ou sur un emplacement, public ou privé, déclaré à l'administration.

Art. 14. — Aucune distillation ne peut être effectuée dans un local ou un emplacement public ou privé pour le compte des bouilleurs de cru, qu'après une déclaration faite huit jours au moins à l'avance au chef de service des contributions indirectes de la circonscription. Cette déclaration doit être renouvelée annuellement.

Si l'atelier de distillation est établi dans des locaux ou sur des emplacements clos, il ne peut avoir aucune communication intérieure avec des locaux non occupés par l'exploitant ou dans lesquels celui-ci exercerait un commerce de boissons ou détiendrait des matières susceptibles d'être distillées ou des liquides fermentés.

L'administration notifie à l'exploitant, trois jours au moins à l'avance, les jours et heures pendant lesquels la brûlerie pourra être mise en activité. Toute modification doit faire l'objet d'une nouvelle notification dans le même délai.

Art. 15. — Le transport des matières à distiller du domicile à la brûlerie et celui des eaux-de-vie de la brûlerie au domicile s'effectuent sous le lien d'acquits-à caution qui ne sont déchargés qu'après que les alcools fabriqués et ceux qui composent le stock déclaré, ont été reconnus chez le récoltant et soumis aux droits ou pris en compte sous le bénéfice des allocations légales.

Art. 16. — La déclaration prescrite par l'article 14 ci-dessus doit indiquer la situation exacte du local ou de l'emplacement où la distillation aura lieu, les numéros de poinçonnement des alambics qui seront utilisés, les jour et heure auxquels l'exploitant demande à commencer les travaux, ainsi que leur durée approximative.

L'exploitant doit, au fur et à mesure de la réception des matières premières à distiller, inscrire sans rature, ni sur-chargé, sur un registre spécial, côté et paraphé par le juge de paix et conforme au modèle donné par l'administration, les espèces et quantités de matières qui lui sont livrées, le nom et l'adresse des récoltants à qui elles appartien-nent, leur rendement minimum en alcool pur, déterminé dans les condi-tions prévues à l'article 2 du présent décret, et l'analyse des expéditions qui ont accompagné les matières à distiller. Il mentionne, en outre, d'après la dé-claration signée des récoltants et an-nexée au registre, le lieu de récolte de ces matières et le stock d'alcool en la possession des déclarants. En regard de ces inscriptions, l'exploitant indique, au fur et à mesure de ses opérations, les jours et heures de la mise en dis-tillation desdites matières et les quan-tités versées dans l'alambic, les résul-tats de leur distillation à la fin de cha-que journée ou après l'épuisement du lot de chaque récoltant, si le travail a duré moins d'une journée ; enfin, l'analyse de l'expédition délivrée pour l'enlèvement de l'alcool obtenu.

Dans le jour qui suit l'achèvement des travaux pour le compte de chaque récoltant, l'exploitant est tenu de remettre, contre récépissé, à la recette buraliste, une ampliation, dûment signée, des inscriptions faites, en ce qui concerne ce récoltant, sur ledit registre ; il remet une semblable ampliation au producteur.

Les exploitants doivent, dès qu'ils en sont requis, représenter au service les registres dont la tenue leur est imposée, assister aux vérifications ou s'y faire représenter par un délégué, les faciliter et fournir, à cet effet, la main-d'œuvre et les ustensiles nécessaires.

Art. 17. — Les matières premières et les eaux-de-vie fabriquées, appartenant à chaque récoltant, doivent être logées séparément et étiquetées de manière à pouvoir être reconnues facilement par le service.

En aucun cas, les matières premières appartenant à des récoltants différents ne peuvent être mélangées pour être livrées ensemble à la distillation.

Les matières premières doivent être distillées dans les huit jours de leur réception et l'alcool obtenu doit être enlevé dans les huit jours suivants. A défaut d'observation de cette prescription, l'exploitant est soumis au régime des bouilleurs de profession.

Art. 18. — Les employés tiennent un compte général de l'alcool représenté tant par les matières premières, suivant le rendement qui leur a été assigné, que par les produits fabriqués. Ce compte est établi d'après les acquits-à-caution-soumissionnés, les inscriptions faites par l'exploitant à son registre et, s'il y a lieu, les constatations opérées en vertu du deuxième paragraphe du présent article.

Indépendamment du compte général, les employés peuvent, à tout moment, établir, d'après les inscriptions consignées au registre de l'exploitant, un compte particulier pour chaque récoltant.

Aucune compensation ne peut être opérée entre les divers comptes individuels.

Les employés peuvent, à tout moment, arrêter la situation soit du compte général, soit des comptes particuliers.

Les excédents constatés sont ajoutés aux charges ; ils sont, en outre, saisis s'ils dépassent d'une quotité supérieure à la réfaction et aux 5 p. 100 admis par l'article 2, le rendement minimum afférents aux matières distillées. Les manquants sont soumis aux droits, sous réserve de l'application, s'il y a lieu, des dispositions de l'article 2 du présent décret.

Les exploitants sont responsables des droits afférents aux manquants constatés tant aux comptes individuels qu'au compte général.

Bouilleurs de cru réunis en association en vertu de l'article 22 de la loi du 31 mars 1903.

Art. 19. — Les associations prévues à l'article 22 de la loi du 31 mars 1903 sont soumises aux dispositions du présent décret concernant les bouilleurs qui distillent chez eux la totalité de leur récolte.

Les gérants ou délégués doivent fournir, huit jours au moins avant toute opération, au directeur départemental des contributions indirectes, la justification de la constitution régulière de l'association, les statuts, une liste des membres de l'association, indiquant les nom, prénoms et domiciles de chacun d'eux, avec la date de son admission, un plan intérieur, avec légende permettant de constater que les locaux satisfont aux prescriptions de l'article 22, paragraphe 3, de la loi du 31 mars 1903, enfin la justification de leur propre qualité de délégué ou de gérant.

Les modifications apportées soit à l'organisation de l'association, soit à la liste des membres ou gérants, soit à l'agencement des locaux, doivent être notifiées, dans un délai de huit jours, au directeur départemental.

Art. 20. — Ne peuvent être mis en œuvre dans la distillerie que des vins, cidres, poirés, lies, marcs, cerises ou prunes provenant de la récolte des membres de l'association.

Pour le contrôle de la fabrication et celui de la répartition des produits fabriqués, les gérants ou les délégués de l'association doivent inscrire sur un registre côté et paraphé par le juge de paix et dont le modèle sera donné par l'administration : d'une part, les quantités de matières premières formant l'apport de chaque producteur, ainsi que leur rendement présumé en alcool et l'analyse des expéditions qui auront accompagné les matières à distiller ; d'autre part, les livraisons d'alcool pur faites à chacun des membres avec l'analyse du titre de mouvement dont elles auront fait l'objet Les employés ont la faculté de prendre communication, sur place, des registres et comptes de l'association relative aux opérations de distillation.

Bouilleurs de cru qui demandent à bénéficier de l'article 21 de la loi du 31 mars 1903.

Art. 21. — Les propriétaires, fermiers et métayers qui veulent revendiquer le bénéfice des dispositions de l'article 21 de la loi du 31 mars 1903, doivent le faire dans la déclaration prescrite par l'article 18 de la dite loi.

Cette déclaration, faite huit jours à l'avance, indique :

1° Pour chaque commune, hameau, quartier ou lieu dit, chaque parcelle où se trouvent les vignes et les arbres dont les produits sont susceptibles de distillation, la superficie des vignes et le nombre par espèce, d'arbres fruitiers qu'elle contient ;

2° La nature des matières qui doivent être livrées à la distillation, le ruméro sous lequel a été poinçonné l'alambic qui sera utilisé, s'il s'agit d'un appareil autre qu'un alambic ambulant, la date du commencement des travaux.

Le producteur doit, dès qu'il en est requis, désigner sur le terrain aux employés les parcelles qu'il cultive et celles sur lesquelles se trouvent les vignes et les arbres compris dans sa déclaration.

Dispositions générales

Art. 22. — Le décret du 23 août 1901, modificatif du décret du 15 avril 1881 portant règlement d'administration publique sur les distilleries, est abrogé.

Art. 23. — Le ministre des finances est chargé de l'exécution du présent décret qui sera publié au *Journal Officiel* et inséré au *Bulletin des lois.*

Fait à la Bégude-de-Mazenc, le 19 août 1903.

Emile LOUBET.

Par le Président de la République,
Le ministre des finances,
ROUVIER.

CONTROLE DES ALAMBICS

Le Président de la République française,

Sur le rapport du ministre des finances,

Vu la loi du 30 mai 1899, article 8 ;

Vu la loi du 29 décembre 1900, article 12 ;

Vu les articles 12 à 17 et 26 de la loi du 31 mars 1903 ;

Vu l'article 25, paragraphe 1er de la même loi, ainsi conçu :

« Il sera pourvu par des règlements d'administration publique à toutes les mesures nécessaires pour assurer l'application des articles 12 à 24 de la présente loi ;

. . . .

Le conseil d'Etat entendu,

Décrète,

Art. 1er. — Les fabricants et marchands d'appareils et de portions d'appareils de distillation susceptibles d'être utilisés à la fabrication ou au repassage d'eaux-de-vie ou d'esprits sont tenus d'inscrire sur le registre prévu par le troisième paragraphe de l'article 12 et de la loi du 29 décembre 1900 :

1° La date de leurs fabrications et de leurs réceptions successives, ainsi que la désignation de la nature et de la capacité ou des dimensions des appareils ou portions d'appareils et, s'il y a lieu, l'indication des mentions contenues dans les acquits-à-caution ;

2º La date des livraisons, l'indication des mentions contenues dans les expéditions soumissionnées pour la mise en circulation des appareils et portions d'appareils, ainsi que la désignation de la nature et de la capacité ou des dimensions de ces objets.

Ces inscriptions ont lieu au fur et à mesure de l'achèvement, de la réception ou de la livraison des appareils et portions d'appareils.

Le registre sur lequel elles sont consignées doit être conforme au modèle donné par l'administration, et être côté et paraphé par le directeur ou le sous-directeur des contributions indirectes de la circonscription.

Art. 2. — Les fabricants et marchands d'appareils à distiller sont tenus, dès qu'ils en sont requis, d'assister ou de se faire représenter par un délégué aux vérifications que les employés des contributions indirectes sont autorisés à effectuer dans leurs ateliers, magasins et autres locaux professionnels.

Ils doivent faciliter ces vérifications et déclarer, par eux-mêmes ou par leurs délégués, les quantités et espèces, ainsi que la capacité et les dimensions des appareils et portions d'appareils qui existent en leur possession.

Art. 3. — Indépendamment des noms et adresses des expéditeurs et destinataires, les acquits-à-caution soumissionnés, en exécution de la loi du 31 mars 1903, énoncent le nombre, la nature et la capacité ou les dimensions des appareils ou portions d'appareils mis en circulation et le numéro sous lequel ils ont été poinçonnés, s'ils ont été déjà soumis à cette formalité.

Art. 4. — Les appareils et portions d'appareils sont poinçonnés dès que le destinataire non fabricant ou marchand en a pris possession, s'ils n'ont été déjà soumis à cette formalité.

Lorsqu'une ou plusieurs portions d'un appareil poinçonné sont remplacées ou ont subi des réparations ou des transformations ayant fait disparaître la marque, cette marque est réapposée.

Le détenteur d'un appareil réparé ou transformé doit requérir, par une déclaration à la recette buraliste, l'apposition de la marque dès la réception de cet appareil, ou dans les cinq jours qui suivent l'achèvement des travaux de réparation ou de transformation.

Art. 5 — Les employés des contributions indirectes sont autorisés à déterminer, par le jaugeage, la contenance des alambics soumis à la formalité du poinçonnage. En cas, soit d'impossibilité de procéder par voie de jaugeage, soit de contestation sur les résultats de l'opération, cette contenance est constatée par empotement et le détenteur est tenu de fournir par lui-même ou par ses préposés, l'eau et la main-d'œuvre nécessaires pour cette opération, qui est dirigée en sa présence par les employés et dont il est dressé procès-verbal.

Dans l'intervalle des opérations de distillation, la constatation de la contenance des appareils peut être renouvelée toutes les fois que le service le juge utile.

En ce qui concerne les appareils à marche continue, les employés peuvent, au cours des opérations de distillation, et toutes les fois qu'ils le jugent utile, procéder à des constatations en vue de s'assurer de leur force productive.

Art. 6. — Les appareils et portions d'appareils sont agencés de manière qu'ils puissent être scellés par des plombs. Si cette condition n'est pas remplie, le service peut exiger l'apposition, aux endroits désignés par lui, de boucles ou crampons métalliques rivés intérieurement.

Les employés peuvent, en outre, apposer sur telle partie des appareils et portions d'appareils qu'ils jugent convenable, des scellements susceptibles d'être détruits ou altérés par le fait de la mise en activité. Ils ont également, pour les appareils dont le chauffage est à feu nu, la faculté d'exiger que la porte du foyer placé sous chacun d'eux soit disposée de telle sorte qu'elle puisse être maintenue fermée par un plomb.

Les scellements doivent être représentés intacts ; sauf le cas prévu ci-après, ils ne peuvent être enlevés qu'en présence du service.

Les demandes de descellement énoncent les motifs pour lesquels le service est requis de procéder à cette opération ; elles sont faites à la recette buraliste au moins trois jours à l'avance. Si les employés ne sont pas intervenus pour rompre les scellés trois heures après celle qui a été fixée par le déclarant, celui-ci peut les briser, sauf à remettre les plombs au service au cours de sa plus prochaine visite.

Aussitôt après l'achèvement des travaux ou la cessation des causes qui avaient motivé le descellement, les détenteurs doivent faire à la recette buraliste une déclaration pour que leurs appareils et portions d'appareils soient replacés sous scellés. Ils cessent d'être soumis aux visites de nuit à partir du jour qui suit celui où leur déclaration a été faite si, par le fait du service, les scellés n'ont pas été apposés. Le délai est prorogé de vingt-quatre heures si la déclaration précède un jour de fête légale.

Art. 7 — Les détenteurs des appareils ou portions d'appareils qui veulent les détruire sont tenus d'en faire la déclaration à la recette buraliste.

La destruction ne peut avoir lieu qu'en présence des employés, qui en dressent procès-verbal.

Art. 8. — Le ministre des finances est chargé de l'exécution du présent décret qui sera publié au *Journal officiel* et inséré au *Bulletin des lois*.

Fait à la Bégude-de-Mazenc, le 19 août 1903.

Emile LOUBET.

Par le Président de la République,

Le ministre des finances,
ROUVIER.

LE SUCRAGE DES VENDANGES

Le Président de la République française,

Sur le rapport du ministre des finances,

Vu l'article 7 de la loi du 28 janvier 1903 sur les sucres, dont les cinq premiers paragraphes sont ainsi conçus :

« Quiconque voudra ajouter du sucre à la vendange est tenu d'en faire la déclaration, trois jours au moins à l'avance, à la recette buraliste des contributions indirectes. La quantité du sucre ajoutée ne pourra pas être supérieure à 10 kilogr. par trois hectolitres de vendanges.

« Quiconque voudra se livrer à la fabrication de vin de sucre pour sa consommation familiale est tenu d'en faire la déclaration dans le même délai. La quantité de sucre employée ne pourra pas être supérieure à 40 kilogr. par membre de famille et par domestique attaché à la personne ni à 40 kilogr. par 3 hectolitres de vendanges récoltées.

« Toute personne qui, en même temps que des vendanges, moûts ou marcs de raisins, désire avoir en sa possession une quantité de sucre supérieure à 50 kilogr. est tenue d'en faire préalablement la déclaration et de fournir des justifications d'emploi.

« Le service des contributions indirectes est chargé de contrôler l'exactitude des déclarations faites en exécution des dispositions ci-dessus.

« Des règlements d'administration publique détermineront les conditions d'application du présent article. »

Vu les décrets des 22 juillet 1885 et 20 juillet 1901 ;

Vu la loi du 30 mars 1903, article 33 ;

Le conseil d'Etat entendu ;

Décrète :

Art. 1er. — Les déclarations prescrites par les premier et deuxième paragraphes de l'article 7 de la loi du 28 janvier 1903 doivent être faites par écrit, à la recette buraliste dans la circonscription de laquelle se trouve le lieu où le sucrage sera effectué, et elles doivent être libellées conformément aux modèles qui en seront donnée par l'administration des contributions indirectes.

Art. 2. — La déclaration faite par application du premier paragraphe indique notamment :

1° Les nom, prénoms, profession et demeure du déclarant ;

2° Les quantités approximatives de vendanges pour lesquelles le sucrage est déclaré ;

3° Le poids du sucre à mettre en
œuvre ;

4° Les lieux, jours et heures auxquels auront lieu les opérations du sucrage.

Art. 3. — La déclaration faite par
application du deuxième paragraphe
indique notamment :

1° Les nom, prénoms, profession et
demeure du déclarant ;

2° Les nom et prénoms de chacun
des membres de la famille du déclarant habitant d'une façon permanente
avec lui ;

3° Les nom et prénoms de chacun
des domestiques nourris par le déclarant et attachés à sa personne ;

4° La superficie des terrains plantés
en vignes exploitées par le déclarant
et la commune sur le territoire de laquelle se trouve chaque parcelle ;

5° L'importance approximative, ex-
primée en hectolitres, des quantités de
vendanges à sucrer ;

6° Les lieux, jours et heures auxquels auront lieu les opérations.

Art. 4. — L'autorité municipale cer-
tifie les déclarations concernant :

1° La superficie des terrains plantés
en vignes exploitées dans la commune
par le déclarant ;

2° La quantité approximative de raisin vendangé sur ces vignes pour la
récolte faisant l'objet de la déclaration;

3° Le nombre des membres de la famille du déclarant habitant d'une façon permanente avec lui ;

4° Le nombre des domestiques nourris par le déclarant et attachés à sa personne.

Art. 5. — Les opérations de sucrage ont lieu sous le contrôle et la surveillance de l'administration ; toutefois, si les employés n'interviennent pas au jour et à l'heure indiqués par les déclarants, il y est valablement procédé en leur absence.

Art. 6 — Les agents des contributions indirectes ont le droit, pendant le délai d'un mois, de procéder à la reconnaissance de tous les vins, déclarés sucrés ou non et des vins de sucre ainsi que des marcs existant en la possession des intéressés, et de prélever gratuitement des échantillons de ces vins et marcs.

Art. 7. — La déclaration prescrite par le troisième paragraphe de l'article 7 de la loi de 28 janvier 1903 doit mentionner :

1° La quantité de sucre que le déclarant désire détenir dans le même local que les vendanges, moûts ou marcs de raisin ;

2° L'usage auquel ce sucre est destiné.

Art. 8. — Le déclarant est tenu de se munir immédiatement et à ses frais d'un carnet conforme au modèle donné par l'administration des contributions indirectes qui sera côté et paraphé par cette administration et sur lequel il inscrira journellement les quantités de sucre qu'il aura employées et l'usage qui en aura été fait. Toutefois, les consommations domestiques qui n'excèdent pas 1 kilogr. par jour en moyenne peuvent faire l'objet d'une inscription en bloc à la fin de chaque semaine.

La tenue du carnet n'est pas obligatoire si la totalité du sucre doit être consommée dans le courant d'une seule journée et si la date de l'emploi a été indiquée à l'administration.

Art. 9. — Les agents des contributions indirectes ont la faculté de contrôler à domicile l'exactitude des déclarations et inscriptions faites en exécution des articles 7 et 8 du présent décret, de se faire représenter les carnets dont la tenue est prescrite par l'article ci-dessus, ainsi que les quantités de sucre non consommées ; les déclarants sont tenus d'établir l'emploi qui a été fait des sucres mis en œuvre soit par la présentation des produits à la préparation desquels le sucre aura été employé, soit par telle autre justification que comportera la destination déclarée.

Les agents peuvent, en outre, procéder à la reconnaissance des vins de toute espèce qui existent en la possession des personnes désignées par les mêmes articles et prélever gratuitement des échantillons de ces vins. Ils conservent ce droit pendant le mois qui suit la date à laquelle ont été fournies les dernières justifications d'emploi.

Art. 10. — Si, pour une cause accidentelle, des opérations déclarées conformément aux articles 2, 3 et 7 du présent décret ne peuvent avoir lieu au moment fixé, la déclaration doit en être faite à la recette buraliste avant l'heure à laquelle devaient être effectuées ces opérations.

Art. 11. — Les déclarants auxquels s'appliquent les dispositions du présent décret sont tenus de fournir le personnel et le matériel nécessaires aux opérations de vérification.

Art. 12. — Les décrets des 22 juillet 1885 et 20 juillet 1901 sont abrogés.

Art. 13. — Le ministre des finances est chargé de l'exécution du présent décret qui sera publié au *Journal Officiel* et inséré au *Bulletin des lois*.

Fait à la Bégude-de-Mazenc, le 21 août 1903.

Emile LOUBET.

Par le Président de la République :
Le ministre des finances,
ROUVIER.

EN VENTE

A L'IMPRIMERIE MILLO

rue Carreterie, 74, AVIGNON

Conseils Municipaux et Municipalités de Vaucluse (brochure de 16 pages)...............	0,50
L'Indicateur Avignonais (petite brochure de 160 pages) ...	0,25
La Loi et la Circulaire de la Régie sur le **Nouveau Régime des Boissons** (brochure).....	0,50
Décrets des 13 mai 1893 et 15 juillet 1893 sur le **Travail des Enfants**	0,25
Extrait de la Loi du 2 novembre 1892 sur le **Travail** des **Enfants**.	0,25
Tableau des Heures de Travail.	0,10
Registre d'inscription pour le **Travail des Enfants**.........	0,75
Loi sur les Accidents du **Travail**	0,50
Réglement d'administration sur les **Accidents du Travail**....	0,50
Tableau de la **Marche** des **Trains**	0,25
Arrêté relatif à la Police des **Cafés, Cabarets et Débits de Boissons**...................	0,50
Loi sur l'**Ivresse Publique**....	0,50
Règlement d'administration publique sur les **Bouilleurs de cru**, le contrôle dés **Alambics** et le sucrage des **Vendanges**.	0,25

Et tous les imprimés spéciaux aux
Mairies et aux Syndicats.